Anselm Grün

Das Glück der Achtsamkeit

im ABC der Lebenskunst

Mit Fotografien von Micha Pawlitzki

HERDER

FREIBURG · BASEL · WIEN

In die Achtsamkeit einzuführen ist das Ziel aller spirituellen Wege. Sie alle kennen die Achtsamkeit im Umgang mit Dingen, mit Menschen und mit dem Augenblick. Wenn ich achtsam bin, achte ich auf alles, was ich tue. Ich lebe nicht einfach so dahin. Ich bin ganz bei dem, was ich in die Hand nehme. Ich nehme wahr, was gerade ist. Wenn ich mich mit Achtsamkeit wasche, wird mir bewusst, was für ein Geheimnis das Waschen ist. Ich reinige mich von allem Schmutz, nicht nur von äußerem Schmutz, sondern vor allem von meiner inneren emotionalen Verschmutzung. Ich reinige mich von dem, was mein ursprüngliches und unverfälschtes Bild trübt. Ich spüre das Wasser, das mich erfrischt und alles abwäscht, was mein wahres Bild verstellt.

Alles, was ich tue, bekommt durch die Achtsamkeit eine tiefere Bedeutung.

Unser Wort „achtsam" kommt von der indogermanischen Wurzel „ok", das „nachdenken, überlegen" bedeutet. Achtsam ist also der, der bei dem, was er tut, überlegt, was da eigentlich geschieht. Er lebt nicht gedankenlos, sondern bewusst. Es gibt Menschen, die sich in Gedanken von dem entfernen, was sie tun. Sie gehen spazieren, sind aber in Gedanken ganz woanders. Sie achten nicht auf den Weg, den sie gehen, oder auf die Schritte, die sie tun. Sie gehen vielmehr in den Räumen ihrer Phantasie spazieren. Achtsamkeit würde bedeuten, dass ich ganz im Gehen bin. Ich nehme jeden Schritt wahr. Was heißt gehen? Ich berühre die Erde – und gehe weiter. Ich bleibe nicht hängen. Gehen heißt, immer weiter gehen, sich nicht ausruhen auf dem Erreichten, sondern im Gehen sich wandeln.

Wenn ich achtsam gehe, geht mir das Geheimnis des Gehens auf. Dann erfahre ich das Gehen als Gleichnis für mein Leben ...

Achtsamkeit hat auch mit Erwachen zu tun. Viele Menschen meinen, sie seien wach. In Wirklichkeit schlafen sie. Sie haben sich eingelullt in Illusionen über ihr Leben. Sie nehmen die Wirklichkeit nicht wahr, wie sie ist. Der indische Weisheitslehrer Anthony de Mello meint, Mystik sei Aufwachen zur Wirklichkeit. Es gibt Menschen, die Mystik mit frommen Phantasiebildern verwechseln. Sie flüchten sich in fromme Gedanken, um der Wirklichkeit auszuweichen. Die wahre Achtsamkeit besteht jedoch darin aufzuwachen, endlich die Augen aufzumachen und die Wirklichkeit so zu sehen, wie sie in Wahrheit ist. Das griechische Wort für Wahrheit „alétheia“ meint, dass der Schleier, der über allem liegt und das Wesen der Dinge verhüllt, weggezogen wird und wir auf den Grund schauen.

Aufwachen meint, sich nicht mehr mit dem Schleier der Illusionen zu begnügen, den wir über alles gelegt haben, sondern hinter die Dinge zu schauen, die wahre Wirklichkeit des Lebens zu entdecken.

In unserem deutschen Wort „achten“ steckt auch die „Hochachtung“, die Wertschätzung. Wenn ich achtsam mit den Dingen umgehe, dann achte ich sie, dann sind sie mir wertvoll. Der Mönchsvater Benedikt ermahnt seine Mönche, achtsam mit dem Werkzeug und mit allen Dingen umzugehen. Ja, der Cellerar, der für das Wirtschaften zuständig ist, soll das ganze Gerät des Klosters wie heiliges Altargerät behandeln. Er soll ein Gespür dafür entwickeln, dass alles heilig, dass alles von Gottes Geist durchdrungen, dass alles sein Geschenk ist. Wer das Gerät wie heiliges Altargerät behandelt, hat ein Gespür für den wahren Wert der Dinge. In allem berühren wir letztlich die Urquelle: Alles ist Schöpfung Gottes und uns von ihm geschenkt. Im Thomasevangelium sagt Jesus seinen Jüngern: „Spaltet ein Stück Holz – ich bin da. Hebt den Stein auf, und ihr werdet mich dort finden.“

Unter jedem Stein liegt ein Geheimnis. Der achtsam Lebende entdeckt es.

Wenn ich achtsam durch eine Tür gehe, dann erahne ich, was das heißt: Ich gehe von einem Raum in den andern. Die Tür eröffnet mir einen neuen Raum. Ich verlasse etwas und gehe in etwas Neues. Jesus sagt von sich, dass er die Tür sei. Er verwirklicht in seinem Sein, was der Achtsame beim Durchschreiten einer Tür erfährt: Die Tür führt mich in den Raum meiner Seele, in den Innenraum meines Herzens.

In meinem Leben gehe ich über viele Schwellen. Ich betrete Neuland. Ich erschließe mir neue Räume, die ich noch nicht kenne. Die Tür öffnet und schließt. Wenn ich nach der Arbeit achtsam durch die Haustür gehe, schließe ich bewusst die Tür der Arbeit zu, um die Tür in die Familie zu öffnen, damit ich ganz präsent bin, wenn ich daheim ankomme. Viele kommen jedoch mit den Problemen der Arbeit daheim an. Sie sind noch woanders.

Bewusst durch eine Tür gehen heißt: alles andere hinter mir lassen und mich ganz in den Raum begeben, den mir die Tür aufschließt.

Benedikt von Nursia liebt das Wort „custodíre“. Es heißt: achten, Acht geben, wachen, bewusst wahrnehmen. Zu den Werkzeugen der spirituellen Lebenskunst gehört es, jederzeit das eigene Tun und Handeln zu überwachen, sagt er. Die Achtsamkeit ist für die benediktinische Tradition die spirituelle Übung schlechthin geworden. Die Achtsamkeit gilt dem Werkzeug, mit dem wir umgehen. Sie gilt der Zunge, die oft unbedacht redet und damit Unheil anrichtet. Wir ärgern uns dann, wenn wir wieder Dinge gesagt haben, die wir am liebsten für uns behalten hätten.

Es ist vor allem die Achtsamkeit den Gedanken und Gefühlen, den Emotionen und Leidenschaften gegenüber, die in uns eintreten möchten und dann unsere Worte bestimmen.

Ein schönes Bild für diese Achtsamkeit ist das des Türhüters. Es geht auf Jesus zurück, der von einem Mann spricht, der auf Reisen ging und seinen Dienern die Verantwortung für sein Haus übertrug. „Dem Türhüter befahl er, wachsam zu sein" (Markus 13,34). So soll der Mensch ein guter Türhüter sein, der jeden Gedanken, der an die Tür klopft, befragt: „Gehörst du zu mir oder bist du mir feindlich gesinnt? Willst du mir etwas sagen oder willst du nur mein Haus besetzen und mich aus ihm herauswerfen?"

Auf meine Gedanken achten – das ist eine wichtige Lebensübung. Denn mit dem Denken fängt alles an. Gedanken können heilsam sein, sie können uns aber auch schaden.

Wir brauchen die Achtsamkeit, den Wächter, der jeden Gedanken, der eindringen möchte in unser inneres Lebenshaus, daraufhin befragt, ob er uns gut oder nicht, ob er ein Hausbesetzer ist, der sich in unserem Haus breit macht und uns das Wohnrecht darin streitig macht. Der Wächter wacht. Er schläft nicht. Er schützt mein Haus, damit ich in Ruhe und Sicherheit darin wohnen kann.

Gönnen wir uns gute Wächter für die Tür, die in unser Herz führt, und für die Zunge – für das Tor, das nach außen aufgeht und aus dem oft unüberlegte Worte strömen, die uns und anderen nicht gut tun.

„Custodire", achtsam sein, heißt nicht: kontrollieren. Wer seine Gedanken kontrollieren möchte, dem geraten sie sicher außer Kontrolle. Es geht darum, wach zu sein, achtsam und aufmerksam zu leben, in Berührung zu sein mit sich selbst und mit dem, was ist. Die Psychologen sagen, die größte Krankheit unserer Zeit sei die Beziehungslosigkeit; die Menschen hätten die Beziehung zu sich, zu den Dingen, zu den Menschen und zu Gott verloren. Wer keine Beziehung zu den Dingen hat, der geht achtlos mit ihnen um.

Wer unfähig ist, in Beziehung zu einem Menschen zu treten, der übersieht das Geheimnis des andern. Er achtet nicht auf die Regungen seiner Seele.

Wer die innige Beziehung zu sich selbst nicht kennt, ist nie bei sich, ist nie wirklich „zu Hause". Er ist überall und nirgends. Er klagt darüber, dass er sich allein und einsam fühlt. Aber er ist nicht bei sich. Er schenkt sich selbst keine Nähe. Umso mehr sehnt er sich nach der Nähe von Menschen. Aber wenn jemand ihm nahe kommt, kann er die Nähe nicht ertragen.
Versuche einmal, bewusst in Beziehung zu kommen zu dem, was du gerade tust, die Beziehung zu spüren zu dem, was du gerade berührst. Nimm die Beziehung wahr zu dem Baum, neben dem du stehst, zu der Blume, die vor dir blüht. Du wirst entdecken, wie die Beziehung zu den Dingen alles in ein neues Licht taucht. Nimm die Beziehung zu dem Werkzeug wahr, das du in die Hand nimmst, zu deinem Computer, zu dem Buch, das du gerade liest. Du wirst merken, dass es nicht tote Gegenstände sind. Auf einmal beginnen sie zu leuchten. Sie werden für dich wichtig.

Wenn du die Beziehung spürst, wirst du von alleine achtsam mit den Dingen umgehen.

Wer eine Beziehung aufgebaut hat zu einem Stein, den ihm ein Freund oder eine Freundin geschenkt hat, für den beginnt der Stein auf einmal zu leben, zu reden. Er erzählt ihm von seinem Freund. Er erzählt ihm von den Orten, an denen er gelegen hat. Er erzählt ihm von seiner Sehnsucht, mitzubauen an einem hohen Dom.

Ich kenne einen Schreiner, der begeistert erzählen konnte von dem, was er im Holz eines Baumes wahrnahm. Er war in Beziehung zum Holz. Er hat es ehrfürchtig berührt. Es war für ihn wertvoll und liebenswert.

Achtsam sein ist keine Leistung, die wir vollbringen könnten. Vielmehr will uns die Achtsamkeit die Kunst lehren, intensiv zu leben; sie will uns zur „Lust am Leben“ einladen. Wer ganz im Augenblick lebt, der kann ihn kosten und genießen; für den wird jeder Augenblick zur Erfahrung der Fülle des Lebens. Er braucht sich nur ins Gras zu legen, dann wird ihm das Paradies der Farben und Formen aufgehen. So rät es der buddhistische Mönch Thich Nhat Hanh seinen Schülern. Er meint: Wenn wir nicht glücklich sind, dann liegt das an der fehlenden Achtsamkeit.

Wer achtsam durch einen Herbstwald geht, dem wird das Wunder der Farben aufgehen, die der Herbst ihm vor Augen führt.

Der Herbst ist ein Maler, den wohl kein menschlicher Maler zu übertreffen vermag. Der Achtsame nimmt die vielen Wunder wahr, die ihm der Wald bietet, das Wunder des einfallenden Lichtes. Wenn ich durch den Steigerwald wandere, bin ich immer fasziniert von dem Spiel des Lichtes, das der Buchenwald inszeniert. Und ich staune immer wieder vor den hohen Buchen, die mir wie Säulen in einem gotischen Dom vorkommen. Ich wandere durch den Wald wie durch einen hohen Dom. Ich schreite achtsam. Ich spüre: Das Geheimnis umgibt mich, die Weite, die Schönheit Gottes, die sich in der Schöpfung spiegelt.

Für den Achtsamen braucht es keine weiten Reisen. Ein einfacher Spaziergang birgt alles in sich, wonach sich das Herz sehnt.

Achtsamkeit ist auch ein Schutz vor dem Bösen, vor dem, was mich am Leben hindert. So fordert Benedikt vom Mönch, dass er sich allzeit in Acht nimmt „vor Sünden und Fehlern der Gedanken oder der Zunge, der Hände, der Füße oder des Eigenwillens wie auch der Begierden des Fleisches“. Das klingt für uns heute eher negativ. Aber Benedikt rechnet damit, dass sich unser Denken und Reden, unser Handeln und unser Gehen verselbstständigen. Dann gehen wir nicht mehr achtsam selber, sondern wir werden gegangen. Wir leben nicht, sondern werden gelebt. Wir sprechen nicht bewusst, sondern es sprudelt unkontrolliert aus uns heraus. Wer unbewusst und unbedacht redet und handelt, schadet sich selbst – und anderen. Achtsamkeit bewahrt mich vor unbewusster Selbstschädigung.

Achtsam sein ist die Kunst, aus dem Herzen zu reden und zu handeln, angemessen und in Beziehung zu mir und zu anderen das zu äußern, was mir am Herzen liegt.

Wir können achtsam sein konkret einüben, indem wir bewusst und wachsam die Dinge unseres Alltags in die Hand nehmen. Ich gehe behutsam mit meinem Kugelschreiber um, mit meinem PC, mit den Büchern, die ich lese. Ich verlasse achtsam mein Zimmer, nehme bewusst die Schwelle wahr, über die ich in neue Räume hineingehe. Ich spüre die frische Luft. Ich nehme die Sonnenstrahlen wahr, die mich wärmen. Ich bin in jedem Augenblick. Und ich bin in meinen Sinnen. Ich schaue, höre, rieche, betaste das, was ich in die Hand nehme. Es ist eine einfache Übung, achtsam mit allem umzugehen. Dieses konkrete Üben sammelt mich. Es bringt mich in Berührung mit den Dingen und mit mir selbst.

Ich spüre mich auf neue Weise. Ich bin ganz gegenwärtig. Ich fühle mich lebendig ...

Ein wichtiger Aspekt des Achtsamseins liegt darin, dass ich das, was ich tue, was ich berühre, was ich erlebe, nicht bewerte. Ich bewerte auch meine Gedanken nicht, die in mir auftauchen. Ich nehme nur wahr, was ist, ohne es gleich zu beurteilen. Es ist so, wie es ist. Ich versuche, es zu berühren, zu spüren, wie es sich anfühlt. Viele Menschen kommen nicht zur Ruhe, weil sie alles, was sie tun, sofort bewerten. Und - meist entspricht ihr Handeln nicht dem Urteil ihres Verstandes. So sind sie unzufrieden. Wenn ich achtsam spüre, bewerte ich nicht. Ich komme einfach in Berührung mit den Dingen. Und was ich wahrnehme, ohne es zu bewerten, das kann ich auch loslassen.

Ich verzichte darauf, gegen meine Gedanken zu kämpfen. Ich nehme sie wahr und lasse sie sein. Dann verziehen sie sich von alleine. Oder aber sie wandeln sich. Auf jeden Fall werden sie mich nicht mehr im Griff haben.

Achtsamsein hängt eng mit dem Behutsamsein zusammen. Wer achtsam mit den Dingen umgeht, der ist auch behutsam. „Behutsam“ kommt von „Obhut, Bewachung, Fürsorge“. Der behutsame Mensch sorgt für das, was er tut. Er achtet darauf, dass alles gut geht. Im Wort „behutsam“ steckt auch der „Hut“. Ich bedecke etwas schützend, wenn ich es behutsam behandle. Ich setze es nicht den Angriffen feindlicher Mächte aus.

Ich nehme etwas in die Hand. Ich halte meine Hand schützend über es.

In den beiden Worten „achtsam und behutsam“ begegnen wir der Nachsilbe „sam“. „Sam“ bedeutet „mit etwas übereinstimmend“. Wer achtsam ist, stimmt mit dem überein, was er tut. Und er ist gesammelt bei dem, was er tut. Er bringt sich selbst und das, was er berührt, zusammen. Und er ist auch in sich selbst gesammelt. Er vereinigt in sich, was sonst auseinander strebt. Er lässt sich nicht zerstreuen, sondern ist bei sich und in Berührung mit sich selbst und dem, was ist. „Sam“ hängt auch mit „sanft“ zusammen. Der Sanfte passt gut zusammen mit anderen Menschen. Er lebt friedlich mit ihnen. Und er geht sanft um mit den Dingen. Er spürt die Einheit mit dem, was er tut und berührt. Er geht sanft mit all seinen Werkzeugen um:

Der Sanfte fühlt sich verbunden mit dem, was er in die Hand nimmt.

Sanft ist der, der zusammen ist mit sich selbst, mit den verschiedenen Bedürfnissen und Wünschen seiner Seele, mit seinen Leidenschaften und Emotionen. Der Sanfte lebt in Frieden auch mit den Gegensätzen in seinem Herzen. Er geht sanft um mit den Menschen, weil er die innere Verbindung mit ihnen spürt. Wer in Beziehung ist mit den Dingen und mit den Menschen, der ist auch sanft. Er braucht sich nicht vor Grobheit und Härte hüten. Die Achtsamkeit entspringt seiner Sanftheit, seiner Beziehung zu den Dingen, zu sich und zu den Menschen. Und sie ist Ausdruck seines Zusammengehörigkeitsgefühls.

Der achtsame, behutsame Mensch fühlt sich mit allem eins. Er fühlt sich zugehörig zur Welt, zu den Dingen, zu den Menschen.

Moderation:
Dipl.-Päd.^{in}
Gabriele Hofer-Stelzhammer, Puchberg

Termin:
Sonntag, 8. Okt. 2006, 10.30 bis 13 Uhr
9 Uhr: Gottesdienst mit Anselm Grün

Kursbeitrag: € 13.-
Mittagessen: € 8.-

Leitung: **Adi Trawöger**

VA-Nr.: 22

Jeden 1. Montag im Monat
Beginn: Montag, 4. September 2006,
Brigitte Hollinetz, Traun

Jeden 2. Montag im Monat
Beginn: Montag, 11. September 2006,
Herta Sixt, Freistadt

Jeden 3. Montag im Monat
Beginn: Montag, 18. September 2006,
Gertrude Pallanch, Wels

Evagrius Ponticus, der wichtigste Schriftsteller des frühen Mönchtums (345–399), hat die Sanftheit als Ausdruck echter Spiritualität beschrieben. Er meint, ein grober Mönch zeige nur, dass er von Spiritualität nichts verstanden habe. Er kann noch so asketisch sein, es wird ihm nichts helfen, weil er nicht in Berührung ist mit sich und den Menschen; er kämpft gegen sich und fühlt sich nicht eins mit sich. Evagrius Ponticus preist die Sanftmut Jesu, der einlädt, sanftmütig und demütig von Herzen zu werden (vgl. Matthäus 11,29). Das deutsche Wort „Sanftmut" zeigt, dass es Mut braucht, um sanft zu sein, um mit den Gegensätzen der eigenen Seele verbunden zu bleiben und friedlich zusammen zu leben. Und es braucht Mut, die Beziehung zu den Menschen durchzuhalten, selbst wenn uns feindselige Gefühle entgegenkommen.

Mut ist notwendig, damit wir sanft bleiben mit uns selbst und den Menschen, damit wir achtsam und behutsam umgehen mit allem, was ist.

Sanftmut und Achtsamkeit gehören zusammen. Ich achte auf den Augenblick. Ich habe Hochachtung vor jedem Lufthauch, vor allem, was ich in die Hand nehme, vor dem Pullover, den ich achtsam anziehe, vor der Brille, die ich aufsetze. Ich gehe behutsam meinen Weg. Ich ziehe den Hut vor jedem Schritt, den ich gehe. Denn jeder Schritt führt mich zum Leben, wenn ich ihn nur achtsam genug tue.

So sind für mich Achtsamkeit, Behutsamkeit und Sanftmut Türen zum wahren, bewussten Leben.

Wenn du achtsam diese Zeilen gelesen und die Bilder betrachtet hast, wirst du vielleicht keine ganz neuen Erkenntnisse erlangt haben. Aber vielleicht fühlst du dich jetzt anders. Vielleicht hat dich das achtsame Lesen ruhiger gemacht. Es hat dich in eine andere Welt eingetaucht. Versuche nun nach dem Lesen, einmal ganz langsam durch den Raum zu gehen. Denke nicht an das, was du gelesen hast. Versuche nur das, was dir beim Lesen aufgegangen ist, wie eine Schale mit gefülltem Wasser ganz langsam durch den Raum zu tragen. Gehe langsam jeden Schritt, so dass du das Wasser nicht verschüttest. Dann wirst du spüren, dass du etwas Kostbares in dir und mit dir trägst.

Achte darauf, dass du diesen Schatz nicht achtlos wegwirfst, sondern achtsam trägst und den Menschen davon austeilst, denen du begegnest.

www.herder.de
Gesamtgestaltung: Greenstuff Design, München
Satz /Aufbau: Reprographia Medienhaus-Lahr
Herstellung: L.E.G.O. Olivotto S.p.A., Vicenza 2004
Gedruckt auf umweltfreundlichem,
chlorfrei gebleichtem Papier
ISBN 3-451-28442-1